BEI GRIN MACHT SICH IHR
WISSEN BEZAHLT

- Wir veröffentlichen Ihre Hausarbeit,
  Bachelor- und Masterarbeit

- Ihr eigenes eBook und Buch -
  weltweit in allen wichtigen Shops

- Verdienen Sie an jedem Verkauf

Jetzt bei www.GRIN.com hochladen
und kostenlos publizieren

Bibliografische Information der Deutschen Nationalbibliothek:

Die Deutsche Bibliothek verzeichnet diese Publikation in der Deutschen National-bibliografie; detaillierte bibliografische Daten sind im Internet über http://dnb.d-nb.de/ abrufbar.

Impressum:

Copyright © 2018 GRIN Verlag
Druck und Bindung: Books on Demand GmbH, Norderstedt Germany
ISBN: 9783668837393

Anonym

Marketing und Vetrieb II: Trendforschung, Ideengewinnung, Zielgruppenfindung, Hakenmodell, Lean Startup, Markenmanagement

GRIN Verlag

GRIN - Your knowledge has value

Der GRIN Verlag publiziert seit 1998 wissenschaftliche Arbeiten von Studenten, Hochschullehrern und anderen Akademikern als eBook und gedrucktes Buch. Die Verlagswebsite www.grin.com ist die ideale Plattform zur Veröffentlichung von Hausarbeiten, Abschlussarbeiten, wissenschaftlichen Aufsätzen, Dissertationen und Fachbüchern.

Besuchen Sie uns im Internet:

http://www.grin.com/

http://www.facebook.com/grincom

http://www.twitter.com/grin_com

Deutsche Hochschule für

Prävention und Gesundheitsmanagement

Hermann Neuberger Sportschule 3

66123 Saarbrücken

Projektarbeit

Modul	Marketing & Vertrieb II
Studiengang	Master of Arts Prävention und Gesundheitsmanagement
Datum Präsenzphase	19.02.18 bis 21.02.18
Studienort	Saarbrücken
Arbeitsgruppe*	Gruppe 6

Inhaltsverzeichnis

1 Trendforschung

Bei einem Trend handelt es sich um eine „Komponente einer Zeitreihe, bei der angenommen wird, dass sie längerfristig und nachhaltig wirkt" (Auer, 2018). Nach Liebl (1996, S.110) verläuft ein Trend ungerichtet und wird als mehrdimensional eingestuft, das heißt, sie können soziale, politische und kulturelle Elemente beinhalten. Trends können für unterschiedliche Empfänger unterschiedliche Bedeutungen aufweisen.

1.1 Potentielle Zukunftsfelder

Zunächst wird aufgrund zahlreicher Daten und Fakten das Zukunftsfeld „Gesundheit der Menschen" genauer betrachtet und analysiert. Der demografische Wandel hat einen starken Einfluss auf das Gesundheitsangebot für die Menschen. Deutschland weist zu Beginn des 21. Jahrhunderts ein starkes Wachstum an der Zahl älterer Menschen auf, während gleichzeitig die Geburtenrate sinkt. Nach einer Statistik von Statista (2018), welche die Anzahl der Deutschen in Altersgruppen veranschaulicht, präzisiert das steigende Wachstum der Älteren. Im Jahr 2016 lebten in Deutschland in der Altersgruppe 1 bis 24 Jahren 19,8 Millionen Menschen. Im Alter von 40 bis 59 Jahren waren es 24,29 Millionen Menschen und über 65 Jahren 17,51 Millionen Menschen, dargestellt in Abb. 1. Nach dieser Statistik ist es naheliegend, dass es deutlich mehr ältere als jüngere Menschen gibt. Aufgrund der bisherigen Entwicklung der Geburtenrate mit durchschnittlich 1,4 Neugeborenen pro Frau, welche unter dem Bestandhaltungsniveau der durchschnittlichen Kinderzahl liegt, ist die Entwicklung der Alterung zwangsläufig für die nächsten 30 Jahren vorgegeben. Ein Ausgleich des Rückgangs der Geburtenrate war trotz Zuwanderung von jungen Migranten in der Vergangenheit nicht möglich. Selbst ein Wiederanstieg von 2,1 Neugeborenen pro Frau auf das Bestandhaltungsniveau würde die Verdopplung des Altersquotienten nicht stoppen können. Bis zum Jahr 2050 wird die Lebenserwartung bei Männern auf 87 Jahre und bei Frauen auf 93 Jahren deutlich ansteigen (Birg & Flöthmann, 2002, S.392). Eine Prognose des Statistischen Bundesamts (2018) veranschaulicht die mögliche Entwicklung der Einwohnerzahl sowie der Altersstruktur von 2013 bis 2060 in Deutschland. Dabei wird sich die Einwohnerzahl von 80,08 Millionen im Jahr 2013 voraussichtlich auf 67,60 Millionen im Jahr 2060 aufgrund der niedrigen Geburtenrate und hohen Alterungsquote verändern. Die Anzahl der unter 20-Jährigen wird von 14,7 Millionen Menschen im Jahr 2013 auf 10,9 Millionen Menschen im Jahr 2060 sinken. Dagegen steigt die Bevölkerung der über 67-Jährigen von 15,1 Millionen (2013) auf 20,6 Millionen Menschen (2060). Das Schaubild wird in Abb. 2 dargestellt. Folglich führt der demografische Wandel zu weiteren Ansprüchen in der Prävention und Pflege von älteren Menschen.

Nach Eike Wenzel (ITZ, 2017) hat der Megatrend Digitalisierung einen großen Einfluss auf den Gesundheitsmarkt. Die Portalisierung sowie Personalisierung der Gesundheit, Medizin und Pharmazie bringen viele Innovationen mit sich. Wenzel geht davon aus, dass bis 2030 85 Millionen neue Jobs im Gesundheitssektor entstehen werden. Durch die Digitalisierung werden Systeme entwickelt, welche die Ärzte aber auch die Altenpflege in Bezug auf die Früherkennung von Krankheiten sowie Behandlung und Pflege der Patienten unterstützen werden. Zukünftig werden Realzeit-Portale entstehen, bei denen die Kunden eine bessere Ansprachequalität und neue Beratungsangebote erfahren werden.

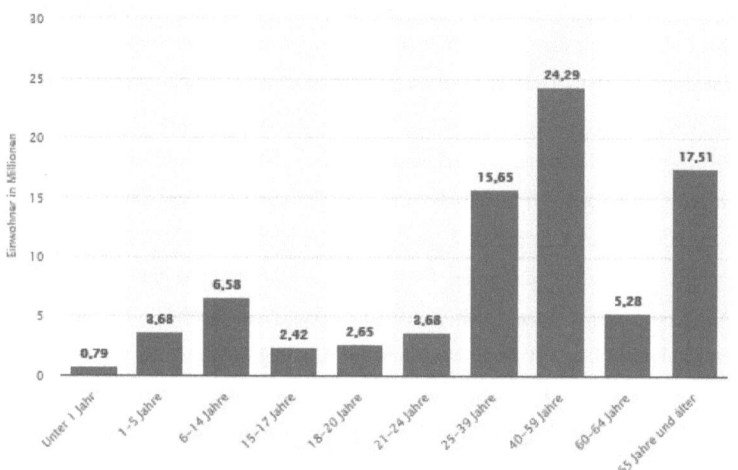

Abb. 1: Bevölkerung- Zahl der Einwohner in Deutschland nach Altersgruppen am 31. Dezember 2016 (in Millionen) (Statista, 2018)

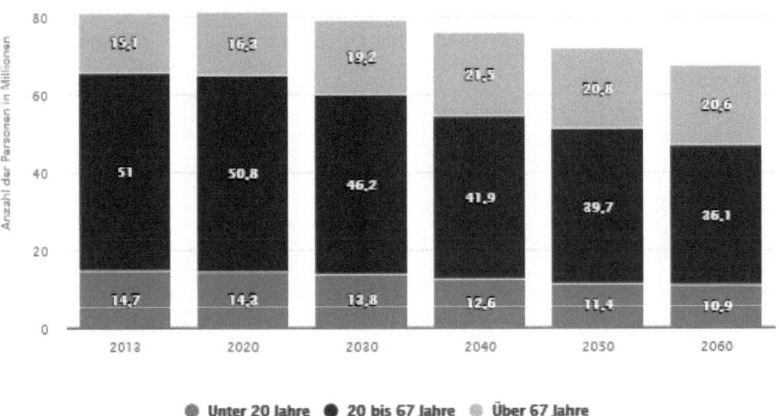

100

80

60

40

20

0

Anzahl der Personen in Millionen

| | 2013 | 2020 | 2030 | 2040 | 2050 | 2060 |

15,1 16,2 19,2 21,5 20,8 20,6

51 50,8 46,2 41,9 39,7 36,1

14,7 14,3 13,8 12,6 11,4 10,9

● Unter 20 Jahre   ● 20 bis 67 Jahre   ● Über 67 Jahre

Abb. 2: Bevölkerungsentwicklung in Deutschland nach Altersgruppen in den Jahren von 2013 bis 2060 (in Millionen) (Statista, 2018)

1.2 Trendkategorien

Im Zusammenhang mit der Trendforschung unterscheidet man folgende Trendkategorien voneinander: Metatrends, Megatrends, soziokulturelle Trends und Konsumententrends.

Nach Oker (2011, S.30) sind „Metatrends komplexe Trendkombinationen, die Grundsätzliches verändern oder neu entwickeln lassen." Sie sind vielseitig und auf die Grundregeln der Natur bezogen wie beispielsweise der Klimawandel. „Megatrends entfalten sich zögerlich, bleiben aber langfristig bestehen, mindestens 30 bis 50 Jahre" (Oker, 2011, S.30). Megatrends ähneln den Kondratieff-Zyklen aus der volkswirtschaftlichen Forschung, welche eine Theorie der Wirtschaftsentwicklung und den damit verbundenen Investitionen darstellt. Sie haben Auswirkungen auf alle Lebensbereiche wie zum Beispiel der demografische Wandel. „Soziokulturelle Trends beziehen sich auf Lebensgefühle und Sehnsüchte der Menschen" (Schlaffke & Plünnecke, 2017, S:13). Dabei handelt es sich um mittelfristige Veränderungsprozesse, die von den Lebensgefühlen der Menschen im sozialen und technischen Wandel geprägt werden. Diese weisen eine Halbwertszeit von rund zehn Jahren auf. Ein Beispiel ist die ökologische Orientierung. Bei Konsumententrends redet man von Gesellschaftstrends im Konsumbereich. Diese umfassen das Kauf- und Konsumentenverhalten und beschreiben deren Veränderungen im Laufe des gesellschaftlichen Wandels (Oker, 2011, S.30). Konsumententrends laufen in einer Zeitspanne von fünf bis zehn Jahren ab, wobei es schwer ist einen genauen Anfangs- und Endpunkt festzumachen (Horx, 2003, S.76). Für die folgende Arbeit wird die Trendkategorie Megatrend verwendet, da die Gesundheit aktuell im Mittelpunkt des Kondratieff-Zyklus steht.

2 Ideengewinnung

Nachfolgend wird für das Zukunftsfeld "Gesundheit der Menschen" ein Problem festgestellt und definiert. Die Problemerkenntnis lautet wie folgt: In Deutschland steigt die Anzahl von Pflegebedürftigen und älteren Menschen immer weiter an, während gleichzeitig die Anzahl die Pflegekräfte sinkt. Bei der Bearbeitung des Problems und des Weiteren Vorgehens wird Bezug auf den Produktinnovationsprozess genommen, dargestellt in Abbildung Abb. 3.

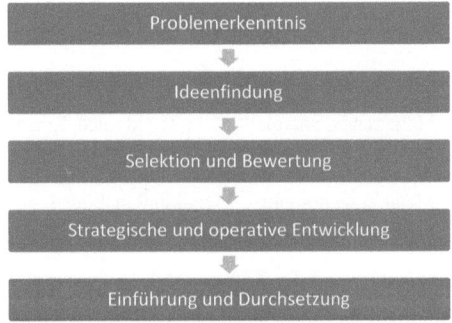

Abb. 3: Produktinnovationsprozess (modifiziert nach Vahs & Burmester, 2005, S. 136)

Um das Problem der steigenden Anzahl von Pflegebedürftige und ältere Menschen bei gleichzeitig mangelnden Pflegekräften zu beheben werden über die Brainwriting Methode 15 Ideen gesammelt und dementsprechend erläutert (Schritt 2: Ideenfindung).

Idee 1: Man entwickelt ein Roboter für die Altenpflege, welcher die täglichen Hausarbeiten sowie die körperliche Pflege von älteren Menschen übernimmt. Somit werden weniger Pflegekräfte benötigt und die Pflegekräfte können sich auf andere Arbeiten fokussieren.

Idee 2: Entwicklung eines subkutanen Mikrochips, welcher unter die Haut gesetzt wird. Über diesen Chip werden täglich verschiedene Gesundheitsparameter, wie Blutdruck und Ruheherzfrequenz gemessen und automatisch auf eine App übertragen. Das bedeutet weniger Arbeit für die Pflegekräfte und diese bekommen sofort einen Eindruck über den aktuellen Gesundheitszustand und über das Wohlbefinden des Patienten.

Idee 3: Eine sprachunterstütze Mobilisations-App zur Förderung der Bewegung bei Älteren. Hierbei bekommen die älteren Menschen drei Mal am Tag über eine Sprachfunktion Anweisung für Beweglichkeitsübungen, welche einfach auszuführen sind. Somit können sich die Menschen selbstständig bewegen und etwas für ihre Mobilität tun. Werden die Übungen erledigt, bestätigen die Patienten dies über eine Tastenfunktion. Dadurch haben die Pflegekraft sowie die Angehörigen einen Überblick darüber.

Idee 4: Entwicklung eines "Smart Age Home" zur Überwachung und für die Sicherheit des Zuhause der älteren Menschen. Dabei geht es primär um die Vernetzung von Haushalstechnik, Haushaltsgeräten und Unterhaltungselektronik. Über eine Programmierschnittstelle wird beispielsweise der Herd automatisch nach 20 Minuten ausgeschaltet, wenn er nicht mehr genutzt wird.

Idee 5: Aufbau eines Medikamentendruckers. Über die 3D-Drucker Technologie können die Patienten und Pflegekräfte ihre Pillen in Zukunft selbst herstellen und drucken. Das erspart den Weg zur Apotheke und somit Zeit.

Idee 6: Einführung eines DNA-Food-Delivery: Die älteren Menschen bekommen abgestimmt auf ihre DNA und ihre Krankheitsbilder Mahlzeiten zusammengestellt. Es werden beispielsweise der Cholesterinwert, Gicht oder Diabetes berücksichtigt. Die Mahlzeiten werden alle zwei Tage frisch geliefert. Das gewährleistet eine gesunde Ernährung der Pflegebedürftigen und erleichtert den Pflegekräften die Arbeit.

Idee 7: Entwicklung von smarten Thrombosestrümpfen. Die Strümpfe messen beispielsweise die Schritte, die Durchblutung sowie den Blutstrom der Person. Die Daten werden automatisch auf eine App oder eine Smartwatch übertragen. Die Angehörigen und Pflegekräfte haben somit immer den aktuellen Gesundheitszustand und wissen wann eine Gefahr von Herzinfarkte oder Schlaganfällen besteht.

Idee 8: Aufbau von biologischen Essen auf Rädern. Die Mahlzeiten werden auf biologischer Basis und mit biologischen Produkten hergestellt. Die Lebensmittel enthalten weniger Zusatzstoffe in Form von Pestiziden und Schwermetallen, welches sich positiv auf die Gesundheit der Älteren auswirkt. Die Mahlzeiten werden täglich frisch geliefert.

Idee 9: Entwicklung einer Diabetes App zur Überwachung und Betreuung von älteren Menschen und Pflegebedürftigen. Der Patient wird mehrmals täglich über eine Sprachfunktion an die Messung des Blutzuckers erinnert und muss diesen über eine Tasten-funktion eintragen. Dafür bekommt er individuelle Nahrungsmittel- und Essensvor-schläge, welche den Angehörigen sowie Diabeteserkrankten die Essenszusammenstel-lung erleichtert und einen Überblick über den Blutzucker gewährleistet. Die empfohle-nen Lebensmittel können auch automatisch über die App von einem Biosupermarkt bestellt und geliefert werden. Zusätzlich können weitere Parameter wie Blutdruck, Puls und das Körpergewicht in die App eingetragen werden. Alle Werte werden automatisch an den behandelnden Arzt übermittelt und es werden hilfreiche Tipps von Ärzten in der App hinterlegt.

Idee 10: Erstellung einer App für pflegende Angehörige. Über diese App können die Angehörige an Online-Beratungen teilnehmen, Erfahrungswerte lesen, sich mit anderen Angehörigen austauschen, Tipps einholen, telefonische Beratungen buchen oder auch Notrufe absetzen. Das erleichtert den Angehörigen die Pflege und es werden Pflegekräf-te eingespart.

Idee 11: Entwicklung eines Brain-Gym-Konzentrationsspiel. Bei diesem Spiel müssen die älteren Menschen über das Tablet Konzentrationsübungen und Aufgaben lösen. Sie spielen in Konkurrenz mit Gleichgesinnten, müssen dabei aber nicht ihr Zuhause verlas-sen. Das Spiel dient zur Förderung der Konzentration und geistigen Entwicklung.

Idee 12: Schaffung des Online-Kurs "Heben und Tragen für Pflegekräfte". Über diesen Kurs lernen die Pflegekräfte richtige und rückenschonende Techniken zum schweren Tragen und Heben ihrer Patienten. Zusätzlich erlernen sie Kräftigungs- und Mobilitäts-übungen für den ganzen Körper, primär aber für den Rücken. Demzufolge soll sich das Wohlbefinden der Pflegekräfte verbessern.

Idee 13: Einführung von "Social Seating" bei Pflegeeinrichtungen: Die Patienten geben über eine App ihre Interessen und Gesprächsthemen an, über welche sie sich gerne un-terhalten und austauschen würden. Die Angaben werden ausgewertet und demnach werden die Patienten mit gleichen Interessen in das selbe Zimmer gelegt oder beim Es-sen zusammengesetzt. Das ermöglicht den Patienten soziale Kommunikationen und besseres Wohlbefinden.

Idee 14: Erstellung eines Take-away-Dinner von Pflegeeinrichtungen für Pflegekräfte. Die Mitarbeiter können sich abends das Abendessen von der Arbeit mit nach Hause nehmen. Dabei handelt es sich um ein gesundes und frisch gekochtes Essen. Das ermög-licht den Pflegekräften eine gesunde und ausgewogene Ernährung und bedeutet Zeiter-sparnis.

Idee 15: Entwicklung von Online-Arztberatungen. Die Pflegebedürftige können zusammen mit ihren Angehörigen an der Online-Beratungen teilnehmen. Dazu wird man über vorgefertigte Fragen an das mögliche Krankheitsbild geleitet und Lösungen in Form von Medikamenten und Einrichtungen werden bereitgestellt. Das erspart zukünftig den Arztbesuch und dient zur schnelleren Behandlung der Krankheit.

3 Selektion und Bewertung

Nachfolgend wird der Schritt drei des Produktinnovationsprozesses, wie in Abbildung Abb. 3 dargestellt, durchgeführt. Um die passende Idee auszuwählen und bewerten zu können, wird das Scoring-Modell angewendet, veranschaulicht in den Tabellen Tab. 1, Tab. 2 und Tab. 3. Anschließend wird das Verfahren und Ergebnis genauer erläutert.

Tab. 1: Scoring-Modell 1 (eigene Darstellung)

	Roboter Altenpflege	Subkutaner Mikrochip	Mobilisations-App	Smart Age Home	Medikamentendrucker
Preis (4)	6	3	8	4	3
Problemlösend (10)	8	8	4	8	7
Intelligent (8)	7	7	10	8	7
Strukturverändernd (3)	7	5	1	6	6
Innovativ (6)	8	7	2	7	8
Simple (7)	5	4	8	6	6
Leistungsstark (7)	8	5	10	5	5
Summe	320	268	293	297	281
Rang	2	10	6	5	7

Tab. 2: Scoring-Modell 2 (eigene Darstellung)

	DNA-Food Delivery	Smarte Thrombosestrümpfe	Biologisches Essen auf Rädern	Diabetes-App für Pflegebedürftige	App für pflegende Angehörige
Preis (4)	6	6	5	7	5
Problemlösend (10)	5	7	4	8	8
Intelligent (8)	5	8	4	7	7
Strukturverändernd (3)	6	7	5	7	6
Innovativ (6)	6	8	4	7	7

9

Simple (7)	5	6	6	6	6
Leistungsstark (7)	5	7	4	8	8
Summe	242	318	201	325	305
Rang	12	3	14	1	4

Tab. 3: Scoring-Modell 3 (eigene Darstellung)

	Brain-Gym Konzentrationsspiel	Social Seating bei Pflegeeinrichtungen	Online-Kurs "Heben und Tragen"	Take-away-Dinner für Pflegekräfte	Online-Arztberatung
Preis (4)	8	7	8	6	8
Problemlösend (10)	4	6	5	4	7
Intelligent (8)	9	5	5	2	6
Strukturverändernd (3)	1	5	4	1	6
Innovativ (6)	3	6	5	1	5
Simple (7)	7	6	4	5	6
Leistungsstark (7)	6	7	5	5	5
Summe	257	270	227	159	275
Rang	11	9	13	15	8

Bei dem Scoring-Modell handelt es sich um eine Checkliste mit einem Punktebewertungssystem. Zunächst werden erst einmal Kriterien für ein Produkt, welche in diesem Fall für den einberufenen Stab relevant sind, festgelegt. Der Stab hat die Kriterien Preis, problemlösend, intelligent (skalierbar), strukturverändernd, innovativ, simple und leistungsstark ausgewählt. Den Kriterien wird eine Gewichtung auf einer Skala von 1 bis 10 zugewiesen, je nachdem wie wichtig oder nicht wichtig das Kriterium für das Produkt ist. Die Zahl 10 bedeutet nicht wichtig, während die Zahl 1 sehr wichtig signalisiert. Die Kriterien mit der zutreffenden Gewichtung sind in den Tabellen in der linken Spalte dargestellt. In der ersten Zeile aller Tabellen sind die 15 Ideen des Stabes aufgelistet. Folglich werden die Kriterien und deren Ausprägung in Bezug auf jede Idee überprüft. Auch hier wird eine Skala von 1 bis 10 verwendet und eine Bewertung mit einer Zahl durchgeführt. 10 heißt nichtzutreffend beziehungsweise teuer, 1 heißt zutreffend beziehungsweise günstig. Das wird mit jeder Idee und jedem Kriterium analysiert und der Faktor eingetragen. Anschließend multipliziert man die numerische Bewertung des Kriteriums mit dem Faktor der Idee. Danach werden alle Faktorergebnisse addiert und die Summe ergibt die Gesamtpunktzahl der Idee. Anhand der Gesamtpunktzahl erfolgt die Attraktivitätsbeurteilung. Man verteilt die Rangplätze und sieht welche Ideen sehr attraktiv und welche Ideen weniger attraktiv sind.

Die Diabetes-App zur Betreuung von Pflegebedürftigen und älteren Menschen erreicht nach dem Scoring-Modell mit einer Gesamtpunktzahl von 325 Punkten den Platz eins und somit die höchste Attraktivität. Demnach wird auch diese Idee ausgewählt. Nachdem der demografische Wandel genau analysiert wurde und nachweislich immer mehr ältere Menschen gibt, ist es sinnvoll ein Produkt für diese Altersgruppe zu entwickeln. Die Diabetes-App hilft den älteren Menschen bei der Überwachung des Blutzuckerspiegels. Sie werden mehrmals täglich an die Messung über eine Sprachfunktion erinnert. Auf der Grundlage der Blutzuckerwerte werden individuelle Mahlzeiten und Lebensmittelempfehlungen erstellt. Die Zutaten für die Mahlzeiten können in Kooperation mit einem Biosupermarkt bestellt und geliefert werden. Zusätzlich werden die Blutzuckerwerte automatisch an den behandelten Arzt übermittelt, welches die ständigen Arztbesuche erspart. Weitere Tipps für die Erkrankten und Angehörigen werden in der App hinterlegt.

Problematisch bei innovativen Ideen ist allerdings oft, dass Ideen nicht ausreichend bewertet und kritisch hinterfragt werden. Oft kommt es gleich zur Einführung sowie Durchsetzung der Idee, ohne diese zu bewerten und eine strategische Entwicklung durchzuführen. Eine fehlende Objektivität wie auch die Engstirnigkeit von Erfindern kann die Bewertung einer Idee schwierig gestalten.

4 Zielgruppenfindung

Nach Ghadiri (2018) beschreibt und erklärt die Neuroökonomie "das menschliche Verhalten in ökonomischen Entscheidungssituationen mit methodischer Unterstützung der Neurowissenschaften." Das daraus resultierende Neuromarketing ist eine Verbindung von Marktforschung und Kognitionswissenschaften. Dabei werden die Bilder von Gehirn, welche bei Entscheidungsprozessen entstehen, genauer reflektiert.

4.1 Emotionssystem nach Häusel

Die Limbic Map von Dr. Hans- Georg Häusel ist in drei große Kernbereiche eingeteilt: das Balance-, Stimulanz-, und Dominanz-System. Die Systeme unterstützten dahingehend die eigenen Werte zu identifizieren und abzugrenzen. Um ein Produkt erfolgreich auf den Markt zu bringen und einen Gewinn erzielen zu können, sollte das Unternehmen sich mit den Werten der Wunschzielgruppe auseinandersetzen (Pfeffer, 2017,

S.19). Da die drei großen Emotionssysteme meist zeitgleich aktiv sind, gibt es Mischungen (Häusel, 2011, S.48). "Das Balance- System weist den Weg zur Sicherheit, Bewahrung und Ordnung. Das Dominanz-System ist zuständig für Durchsetzung, Macht, Effizienz und Autonomie. Das Stimulanz- System verantwortet Entdeckung, Neugier und Genuss" (Häusel, 2015, S.96).

Die Produktidee der Diabetes-App zur Überwachung und Betreuung von Pflegebedürftigen spricht die Emotionssysteme Balance und Dominanz an. Mit steigenden Alter lassen Neugier und Risikobereitschaft deutlich nach, während bei den Verbrauchern ein erhöhtes Bewusstsein für Sicherheit wächst, was sich auch im Kaufverhalten wiederspiegelt (Schlaffke & Plünnecke, 2017, S. 146). Die älteren Menschen haben den Wunsch nach Geborgenheit, Vertrauen und Fürsorge. Sie möchten Gefahren und Unsicherheiten meiden. Zudem benötigen die Pflegebedürftige hinsichtlich des Dominanz-Systems Disziplin und Kontrolle. Sie haben das Bedürfnis nach Gesundheit, Verlässlichkeit und Ordnung. Unruhen und Ärger sollen gemieden werden. Letztendlich wird durch den Einsatz der Diabetes App den Patienten Sicherheit und Geborgenheit vermittelt, da sie ihre Werte eingeben und daraus ihren Gesundheitszustand sowie Ernährungstipps ablesen können. Weiterhin bekommen die erkrankten Menschen Erinnerungen, dass sie ihren Blutzuckerwert messen müssen, was eine Kontrolle darstellt. Das Bedürfnis nach Ordnung, aber auch nach Gesundheit wird erfüllt.

4.2 Typologie nach Häusel

Um ein Produkt erfolgreich zu verkaufen, ist es wichtig, über das Persönlichkeitsprofil sowie über die Motive und Emotionen des Kunden Bescheid zu wissen, um das Produkt auf den Kunden zuschneiden und ausrichten zu können. Nach Häusel (2011, S.61) gibt es sieben Typologien und somit sieben verschiedenen Gehirn- und Entscheidungstypen: Abenteurer, Performer, Disziplinierte, Traditionalisten, Harmoniser, Genießer und Hedonisten. Die Wunschzielgruppe der Diabetes App spricht die Typologie Harmoniser an, in der sich 39 Prozent der über 60 Jahre alten Menschen befinden (Häusel, 2011, S.65). Die Wunschzielgruppe zeigt fünf Merkmale bezüglich der Persönlichkeit, Motive und Emotionen auf. Sie hat zu einem den Wunsch nach Geborgenheit und Sicherheit, die Menschen wollen sich im Alltag und gerade mit der Krankheit Diabetes sicher fühlen. Des Weiteren weisen die Kunden eine hohe Soziale- und Familienorientierung auf. Das heißt, sie möchten viel Zeit mit der Familie verbringen und Kontakte zu anderen Menschen mit ähnlichen Interessen pflegen. Aber auch das Zuhause hat einen hohen

Stellenwert, das Thema Heim und Herd werden sehr bewusst und zielstrebig gepflegt. Der Wunsch nach Verlässlichkeit und Ordnung steht an oberster Stelle, der Alltag soll geregelt sein und das Umfeld zuverlässig. Die Zielgruppe hat ein starkes Interesse an Gesundheitsprodukten und Gesundheit ist ein sehr wichtiges Thema. Es wird viel für die Gesundheit investiert und umgesetzt.

4.3 Persona

Für die Charakteristik der Wunschzielgruppe der Diabetes-App wird das Persona Konzept angewendet, bei dem das tägliche Leben von idealtypischen Personengruppen mit deren Merkmalen und Eigenschaften dargestellt wird.

Gisela, 70 Jahre alt, ist seit 43 Jahren glücklich verheiratet und wohnt zusammen mit ihrem Mann in einem kleinen ruhigen Dorf, 20 Minuten entfernt von der nächst größeren Stadt. Sie hat zwei Kinder und vier Enkelkinder, welche in der Nähe wohnen und sie mindestens einmal in der Woche besuchen kommen. Einmal die Woche trifft sie sich mit Freunden zur gemütlichen Teerunde, welche auch in diesem Dorf wohnen. Meistens lädt Gisela die Freunde zu sich nach Hause ein. Da sie keinen Führerschein besitzt und zu Fuß nicht mehr sehr gut unterwegs ist, verlässt sie immer weniger das Haus. Die Hausarbeiten erledigt sie noch so gut wie möglich alleine, sonst greifen ihr die zwei Kinder oder auch mal die Enkelkinder unter die Arme. Den Einkauf erledigt meistens ihre Tochter für Sie. Ein sauberes gepflegtes Zuhause ist ihr wichtig. Gisela achtet zudem sehr auf die Gesundheit, indem sie sich gesund ernährt und jeden Tag auf ihrem Home-Fahrrad für 10 Minuten fährt. Sie hört auch gerne Hörbücher über die Themen Ernährung und Bewegung im Alltag. Zum 70. Geburtstag hat sie von ihren Kindern ein Tablet geschenkt bekommen, über das sie sich die Hörbücher anhört. Die im steigenden Alter anfallenden Krankheiten belasten Gisela immer mehr, da sie so wenig wie möglich auf andere Personen angewiesen sein möchte. Sie meidet die Arztbesuche so gut es geht. Gisela recherchiert gerne im Internet über Krankheitsbilder und liest gerne Artikel über Gesundheit und Krankheiten in Zeitschriften. Ihre Kaufentscheidungen trifft Gisela sehr bewusst. Es wird nur nach das Nötigste gekauft und genau überlegt, ob das Produkt wirklich erforderlich ist.

4.4 Jobs-to-be-done

Bei dem "Jobs-to-be-done" Konzept geht es darum, sich auf die eigentlich zu lösende Aufgabe, auf den Job, zu konzentrieren, welche im Leben der Verbraucher vorkommt und nicht auf die Gemeinsamkeiten der Verbraucher (Christensen, Hall, Dilon & Duncan, 2016, S.58). Es soll eine Problemlösung erarbeitet werden, um das Produkt optimieren zu können. Um Gewissheit zu bekommen, welche Probleme die Konsumenten der Diabetes-App lösen möchten, werden die Triggerfragen angewendet. Nachfolgend werden die Triggerfragen nach Osterwalder, Pigneur, Bernarda & Smith (2015, S.13) sowie die dazugehörigen Antworten in Bezug auf die Diabetes-App erläutert.

1. Ohne die Durchführung welcher Aufgabe könnte Ihr Kunde nicht leben?

   Der Kunde muss mehrmals täglich seine Blutzuckerwerte dokumentieren, um einen Überblick über den aktuellen Gesundheitszustand gewährleistet zu bekommen. Die Sicherheit der Gesundheit steht immer im Vordergrund.

2. Welches Umfeld umgibt Ihre Kunden? Wie verändert sich das Verhalten und die Ziele in Abhängigkeit des Umfelds?

   Der Verbraucher ist meistens von Menschen in gleicher Alterspanne (70-90 Jahren) umgeben. Der Konsum von digitalen Medien, wie die Diabetes App, passt sich mit dem Umfeld an.

3. Was muss Ihr Kunde in Zusammenarbeit mit anderen erreichen?

   Der Kunde möchte Sicherheit bezüglich der Gesundheit und einen strukturierten Alltag erreichen.

4. Welche Aufgaben versuchen Ihre Kunden in Ihrem Arbeits- oder Privatleben zu bewerkstelligen?

   Die Konsumenten versuchen die anfallenden Hausarbeiten sowie tägliche Bewegungseinheiten zu bewerkstelligen. Zudem versuchen sie jeden Tag abgestimmt auf ihre Krankheit Diabetes geeignete Mahlzeiten zuzubereiten, abhängig von den Blutzuckerwerten. Zudem möchten sie auch weiterhin soziale und familiäre Kontakte pflegen.

5. Können Sie mögliche Probleme nennen, von denen Ihr Kunde nicht einmal weiß?

   Möglicherweise weiß der Kunde nicht wie stark er von der Krankheit Diabetes betroffen ist und welche Folgen die Krankheit mit sich zieht, wenn er sein Essensverhalten nicht ändert.

6. Welche emotionalen Bedürfnisse versucht Ihr Kunde zu befriedigen?

Der Verbraucher hat das Bedürfnis nach Geborgenheit und Sicherheit. Er möchte sich wohl und trotz der Krankheit uneingeschränkt fühlen.

7. Wie möchte Ihr Kunde von anderen wahrgenommen werden?

Der Kunde möchte als ordentlicher, strukturierter und selbstständiger Mensch wahrgenommen werden. Die anderen Menschen sollen das Gefühl bekommen, dass der Kunde gut mit Diabetes sowie dessen Alltag zurechtkommt.

8. Wie möchte sich Ihr Kunde fühlen? Was muss er dafür tun, um sich so zu fühlen?

Der Konsument möchte sich frei, aber auch sicher fühlen. Es sollen ihn keine Ängste begleiten. Dafür muss er seinen Alltag sowie seine Essensgewohnheiten an die Krankheit Diabetes anpassen und sich Informationen dazu einholen.

9. Verfolgen Sie die Interaktion Ihres Kunden mit dem Produkt innerhalb des ganzen Lebenszyklus.

Im Verlauf des Lebenszyklus verliert das Produkt an Wert, da der Verbraucher mit steigenden Alter immer weniger mit der App arbeiten kann und ab einem gewissen Alter auf andere Menschen und deren Hilfe angewiesen ist. Der Verbraucher kann irgendwann das Produkt nicht mehr bedienen und verwenden.

In Bezug auf die Diabetes-App können Schwierigkeiten hinsichtlich der Umsetzung des Jobs-to-be-done-Konzepts entstehen. Das Produkt kann dem Kunden nicht zu hundert Prozent Sicherheit und Geborgenheit geben. Die Kunden geben zwar täglich ihre Blutzuckerwerte ein, das heißt aber nicht, dass sie dadurch keine Folgeschäden tragen werden. Die App unterstützt die Verbraucher in Bezug auf Mahlzeiten und Arztberatungen, der Verbraucher muss diese aber auch befolgen und integrieren. Selbst dieses Vorgehen versichert dem Kunden nicht, dass er möglicherweise an Netzhautschäden, Nervenschäden oder Herzinfarkten erkranken kann. Eine weitere Schwierigkeit ist der alternde Prozess der Menschen und somit der Abfall des geistigen und motorischen Zustands. Mit zunehmenden Alter verlieren die Menschen an geistiger Fitness und können ab einem gewissen Zeitpunkt die App nicht mehr bedienen. Irgendwann sind die älteren Personen auf andere Menschen angewiesen und somit nicht mehr selbstständig.

5 Hakenmodell

„Das Hakenmodell soll beschreiben, wie man Produkte entwickelt, die zur Gewohnheit eines Konsumenten werden können, damit sie einen positiven Beitrag zu seinem Leben leisten und gleichzeitig einen positiven Nutzen für das Unternehmen stiften" (Eyal, 2014, S.23). Es geht darum Gewohnheiten bei den Verbrauchern zu erstellen, denn die Gewohnheitsbildung ist eine Erleichterung des täglichen Lebens. Das Hakenmodell besteht aus vier Bestandteilen: Auslöser, Handlung, Belohnung und Investition. Nachfolgend wird das Hakenmodell der Diabetes-App in Abbildung Abb. 4 dargestellt und anschließend genauer erläutert.

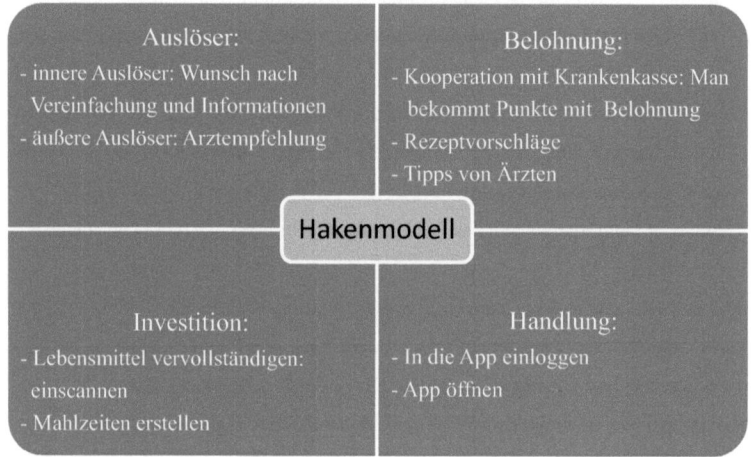

Abb. 4: Hakenmodell der Diabetes App (modifiziert nach Eyal, 2014, S.153-154) (eigene Darstellung)

Der innere Auslöser für das Produkt ist der Wunsch der Kunden nach Vereinfachung und Informationen. Die Kunden möchten ihre Blutzuckerwerte in ein einfaches System eingeben und sofort ihren Gesundheitszustand ablesen können. Zudem möchten sie Informationen in Form von Lebensmittel- und Mahlzeitenvorschlage erhalten sowie Tipps von Ärzten. Der äußere Auslöser kann eine Arztempfehlung sein. Der Arzt empfiehlt allen Patienten mit Diabetes sich die App herunterzuladen und damit für eine bessere Dokumentation der Blutzuckerwerte zu arbeiten. Dafür müssen die Kunden eine einfache Handlung vollziehen. Sie müssen sich in die App einloggen und die App öffnen. Zudem müssen jeden Tag die Blutzuckerwerte eingegeben werden. Die Belohnung für das tägliche Nutzen der App ist in Kooperation mit der Krankenkasse gewährleistet. Alleine für das Nutzen und für das Eingeben der Werte bekommen die Kunden Punkte.

Immer bei dem Erreichen von 100 Punkten wird eine Belohnung ausgesprochen. Bei der Belohnung handelt es sich um einen Einkaufsgutschein im Wert von 20 Euro des Biosupermarktes, welches die Lebensmittel liefert. Des Weiteren bekommen die Kunden, welche dauerhaft ihre Zielwerte erreichen einen extra Bonus. Der extra Bonus kann etwas Materielles wie ein Massagekissen sein. Auch die Rezeptvorschläge sowie Tipps der Ärzte und Erfahrungsberichte von anderen Patienten stellen eine Belohnung dar. Die Kunden können in das Produkt investieren, indem sie die Lebensmittel vervollständigen. Lebensmittel, welche in der App noch nicht hinterlegt sind, können durch die Nutzer eingescannt werden. Auch Mahlzeiten können von den Verbrauchern erstellt und für andere Nutzer zur Verfügung gestellt werden.

Das Produkt der Diabetes-App hätte durchaus Erfolg um als Gewohnheitsprodukt verwendet zu werden. Es ist im eigenen Interesse der Kunden ihre Blutzuckerwerte zu dokumentieren und das wird ihnen durch die App vereinfacht. Es ist ein gewohnter Ablauf zuerst den Wert zu messen und diesen danach irgendwo festzuhalten. Durch den Bonus die passenden Lebensmittel vorgeschlagen zu bekommen und dadurch zu wissen, was man bei welchem Wert zu sich nehmen darf, gibt den Verbrauchern ein gutes Gefühl.

Die Schwierigkeit könnte sein, dass die Kunden das Angebot nutzen, aber selbst keine Lebensmittel sowie Mahlzeiten einpflegen. Somit wäre das Produkt ein einseitiges Produkt des Herstellers. Weiterhin könnten die Nutzer die App nur verwenden um Punkte zu sammeln und den Einkaufsgutschein zu erlangen.

6 Lean Startup

„Ein Startup ist eine menschliche Institution, die ein neues Produkt oder eine neue Dienstleistung in einem Umfeld extremer Ungewissheit entwickelt" (Ries, 2014, S:33). Bei einem Lean Startup handelt es sich um ein "schlankes Denken", bei dem ein Produkt oder eine Dienstleistung auf dem Markt schnell getestet wird, um die Marktakzeptanz zu überprüfen. Um das neue Produkt oder die neue Dienstleistung über die Lean Startup Methode zu testen, kann man den "Minium Viable Produkt" (MVP)-Test anwenden. Dabei wird mit dem Prototyp des Produktes an den Markt gegangen und über die Resonanz der Kunden Rückschlüsse bezüglich der Weiterentwicklung und Modifikation des Produktes geschlossen (Gentz, 2015).

Die Hersteller der Diabetes-App zur Überwachung und Betreuung für ältere Menschen und Pflegebedürftige haben zwei Hypothesen aufgestellt. Die erste Hypothese lautet wie folgt: "Die Diabetes-App ist für genügend ältere Menschen und Pflegebedürftige attraktiv, um sie somit erfolgreich auf den Markt bringen zu können." Die zweite Hypothese sagt folgendes aus: "Durch den Einsatz und der einfachen Handhabung der Diabetes-App können Pflegekräfte eingespart werden."

Die erste Hypothese wird mit Hilfe der Landing Page überprüft. Bei der Landing Page handelt es sich um eine Webseite, auf die ein möglicher Kunde über eine Suchmaschine oder eine Werbeanzeige geleitet wird. Die Hersteller arbeiten mit Suchmaschinen und Flyer. Die Landing Page der Diabetes-App sollte bei den Suchergebnissen von Suchmaschinen wie Google ziemlich weit vorne aufgelistet sein. Wenn der Kunde in Google "Diabetes" eingibt, kommt als eine der ersten Ergebnisse die Seite der Diabetes-App. Dadurch kann man in einem bestimmten Zeitraum testen, wie viel Personen auf die Landing Page der Diabetes-App klicken und wie hoch das Interesse ist. Allerdings sieht man nicht wie alt die Personen sind, welche die Seite besuchen. Ziel der Landing Page ist es, die Bedürfnisse der Kunden zu befriedigen und den Nutzen widerzuspiegeln. Dazu muss die Seite attraktiv, zielführend und vor allem übersichtlich gestaltet sein. Als weitere Variante werden als Variante der Offline-Werbung Flyer in Städten und Dörfern verteilt. Nicht alle ältere Menschen recherchieren im Internet. Über die Flyer werden sie trotzdem auf die Diabetes-App aufmerksam und auch bei Angehörigen wird das Interesse geweckt. Diese folgen der Seite, um sich für ihre Eltern darüber zu informieren. Desgleichen haben die Flyer eine übersichtliche Aufmachung mit dem Verweis auf die Landing Page. Sind die Klicks der Landing Page insgesamt sehr hoch ist das eine Bestätigung der Hypothese und die Diabetes-App kann auf den Markt gebracht werden.

Um die zweite Hypothese zu überprüfen wird ein Kundenfeedback eingeholt. Es wird für Pflegeeinrichtungen und Pflegekräften eine Umfrage erstellt, inwiefern Pflegekräfte über diese App entlastet und eingespart werden können. Diese Umfrage wird per E-Mail versendet. Mit dem daraus resultierenden Feedback können die Hersteller auswerten inwiefern die Hypothese zutrifft. Ein kritischer Punkt ist hier allerdings, dass eine hohe Rücklaufquote stattfinden muss, um aussagekräftige Ergebnisse zu erhalten.

7 Markenmanagement

In der Literatur gibt es mehrere Definitionen des Begriffs „Marke". Nach Meffert, Burmann & Koers (2005, S.5) ist „eine Marke beziehungsweise ein Markenartikel ausschließlich eine Fertigware, die mittels äußerer physischer Kennzeichnung (z.b. durch ein Logo) markiert ist und die dem Konsumenten mit konstantem Auftritt und Preis in einem größeren Verbreitungsraum angeboten wird."

Eine weitere Definition von Meffert, Burmann & Koers (2013, S.6) lautet wie folgt: „Die Marke kann als ein in der Psyche des Konsumenten und sonstiger Bezugsgruppen der Marke fest verankertes, unverwechselbares Vorstellungsbild von einem Produkt oder einer Dienstleistung definiert werden."

Eine neuere Markendefinition gibt es gemäß dem Gesetz über den Schutz von Marken und sonstigen Kennzeichen (MarkenG). Demnach können als Marken „alle Zeichen, insbesondere Wörter einschließlich Personennamen, Abbildungen, Buchstaben, Zahlen, die Form einer Ware oder ihrer Verpackung sowie sonstige Aufmachungen einschließlich Farben und Farbzusammenstellungen geschützt werden, die geeignet sind, Waren oder Dienstleistungen eines Unternehmens von denjenigen anderer Unternehmen zu unterscheiden" (vgl. Esch, 2005e, S. 18-20).

7.1 Markenentwicklung

Das Corporate Design stellt eine optische Identitätsvermittlung durch die Vereinheitlichung formaler Gestaltungsmaßnahmen dar (Meffert, Burmann & Koers, 2013, S.634). Zusätzlich sind Slogans ein identitätsgestaltendes Element. Beide Elemente werden für eine Markenentwicklung genauer betrachtet.

Um ein Corporate Design und Slogan für die App zu entwickeln, wird zunächst ein Markenschemata erarbeitet. In diesem Schemata werden Vorstellungen, Kenntnisse, Wissen sowie Eigenschaften zu dem bestehenden Objekt festgehalten, welche dem Kunden die Informationsaufnahme, -verarbeitung und -speicherung erleichtern (Schlaffke & Plünnecke, 2017, S.237). Ein Markenschemata ist ein semantisches Netzwerk, welches auf Knoten und Kanten besteht. Knoten bilden sich aus den Eigenschaften der Marke, Kanten beschreiben die Beziehung zwischen den Eigenschaften und der Marke. Das Markenschemata der Diabetes-App wird in der folgenden Abbildung Abb. 5 dargestellt.

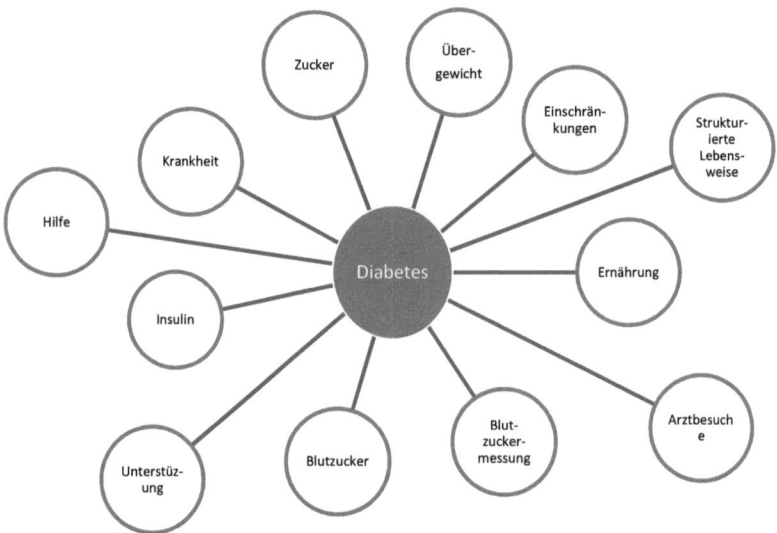

Abb. 5: Markenschemata Diabetes-App (eigene Darstellung)

Die Eigenschaften von Diabetes werden für die Entwicklung eines Corporate Design genutzt. Zusätzlich wird der "Blaue Kreis", welcher seit 2006 ein Symbol für Diabetes mellitus darstellt und in der Öffentlichkeit ein einheitliches Bild zu der Krankheit repräsentieren soll, verwendet (weltdiabetestag, 2011). Darüber hinaus werden die "helfende Hände" in das Design miteingebaut. Sie stehen für die Hilfe und Unterstützung, welche die Patienten von der App mit den dazugehörigen Ärzten erhalten. Daher hat die App auch den Namen Diabetes HELFER. Folglich hat die Diabetes-App den Slogan: "Fühl dich sicher". Die Erkrankten und älteren Menschen brauchen das Gefühl der Sicherheit, welche sie durch das Nutzen der App bekommen sollen. Der Slogan basiert auf dem Emotionssystem Balance. Das Corporate Design der Diabetes-App wird in der nachfolgenden Abbildung Abb. 6 veranschaulicht.

Abb. 6: Corporate Design Diabetes-App (eigene Darstellung)

7.2 Aufbau starker Marken

Der Aufbau einer starken und bekannten Marke hängt mit einigen Dimensionen, wie der Markenidentität, Markenpositionierung, Markenbekanntheit und dem Markenimage zusammen. Die Marke und das Produkt sollen in den Köpfen der Konsumenten verankert werden. Um die Diabetes-App stark zu machen und das Wissen über das Produkt zu steigern, werden drei Strategien entwickelt. Zunächst wird eng mit den Ärzten, Arztportalen im Internet, Krankenkassen und Pflegeeinrichtungen zusammengearbeitet und Kooperationen geschlossen. Ärzte empfehlen ihren Diabetes Patienten die App weiter und erklären deren Vorteile sowie Nutzen. Arztbesuche werden ihnen erspart, sie bekommen ihren individuellen Ernährungsplan und bekommen dadurch mehr Sicherheit im Umgang mit der Krankheit. In Arztforen wird die App vorgestellt und auch Krankenkassen nehmen die App in ihr Programm auf. Auf Werbeartikeln wird das Logo der App platziert. Pflegeeinrichtungen arbeiten auch mit der Diabetes-App und empfehlen diese den Angehörigen von Pflegebedürftigen. Im Gegenzug hinterlegen die Hersteller der Diabetes-App Werbung in der App und empfehlen die Ärzte, Krankenkassen und Pflegeeinrichtungen weiter, mit denen sie zusammen arbeiten. Somit wird das Produkt immer weitläufiger und man steigert die Markenbekanntheit. Auch im Biosupermarkt, mit dem die Diabetes-App in Verbindung steht, wird aktiv Werbung gemacht. Die Kunden können direkt über die App ihre empfohlenen Lebensmittel im Biosupermarkt bestellen und liefern lassen. Diesen einzigartigen Service nutzen die Hersteller als Werbetool. Im Supermarkt werden große Banner platziert und auf den Kassenbelegen wird die Adresse der Landing Page hinterlegt. Dadurch soll eine Verstärkung des Markenimages erfolgen. Weiterhin soll eine hohe Platzierung der App im App Store erfolgen, damit die Verbraucher die App auch auffinden und runterladen können. Es muss eine hohe Sichtbarkeit durch den richtigen Titel, Schlüsselwörter und einer optimalen Beschreibung erreicht werden. Folglich laden mehr Kunden die App runter, wenn diese auch schnell verfügbar ist.

8   Literaturverzeichnis

Auer, B.R. (2018). *Trend.* Gabler Wirtschaftslexikon. Gabler Springer Verlag.

Birg, H. & Flöthmann, E. (2002). Langfristige Trends der demographischen Alterung in Deutschland. *Zeitschrift für Gerontologie und Geriatrie*, 35, 387-398.

Christensen, C., Hall, T., Dilon, K. & Duncan, D. (2016). Know Your Customers' "Jobs to Be Done". *Harvard Business Review*, 54-62.

Eyal, N. (2014). *Hooked: Wie Sie Produkte erschaffen, die süchtig machen.* Redline Wirtschaft.

Esch, F.R. (2005). *Moderne Markenführung: Grundlagen- Innovative Ansätze- Praktische Umsetzungen.* Springer Verlag.

Gentz, J. (2015). *8 Besonderheiten von Lean Startups.* Zugriff am 28.02.18. Verfügbar unter https://www.deutsche-startups.de/2015/01/26/8-besonderheiten-von-lean-startups/

Ghadiri, A. (2018). *Neuroökonomie.* Gabler Wirtschaftslexikon. Gabler Springer Verlag.

Häusel, H.G: (2011). Die wissenschaftliche Fundierung des Limbic Ansatzes. Gruppe Nymphenburg: Brand & Retail Experts.

Helfende Hände (1969). *Hilfe für helfende Hände.* Zugriff am 05. März 2018. Verfügbar unter http://www.helfende-haende.org/cms-hilfe-fuer-helfende-haende/teaser.html

Häusel, H.G. (2015). Think Limbic! (5.Aufl.). Haufe-Lexware.

Horx, M. (2003). *Future Fitness: Wie Sie Ihre Zukunftskompetenz erhöhen.* Eichborn Verlag.

Liebl, F. (1996). *Strategische Frühaufklärung: Trends-Issues-Stakeholders.* Oldenbourg Wissenschaftsverlag.

Meffert, H., Burmann, C. & Koers, M. (2005). *Markenmanagement: Identitätsorientierte Markenführung und praktische Umsetzung* (2. Aufl.). Springer Verlag.

Meffert, H., Burmann, C. & Koers, M. (2013). *Markenmanagement: Grundfragen der identitätsorientierten Markenführung.* Springer Verlag.

Oker, D. (2011). *Trendforschung als ein Marketinginstrument.* Grin Verlag.

Osterwalder, A., Pigneur, Y., Bernarda, G. & Smith, A. (2015). *Value Proposition Design.* Campus Verlag.

Pfeffer, N.M. (2017). Marketing für junge Unternehmen (2. Aufl.). Bookboon.

Ries, E. (2014). *Lean Startup: schnell, risikolos und erfolgreich Unternehmen gründen.* Redline Wirtschaft.

Schlaffke, W. & Plünnecke, A. (2017). Marketing und Vertrieb II. Saarbrücken: DHFPG.

Statistisches Bundesamt (2018). *Prognostizierte Bevölkerungsentwicklung in Deutschland nach Altersgruppen in den Jahren von 2013 bis 2060 (in Millionen).* Statista-Das Statistik Portal. Zugriff am 23. Februar 2018. Verfügbar unter https://de.statista.com/statistik/daten/studie/702412/umfrage/demographie-bevoelkerungsentwicklung-in-deutschland-nach-altersgruppen/

Statistisches Bundesamt (2018). *Bevölkerung- Zahl der Einwohner in Deutschland nach Altersgruppen am 31. Dezember 2016 (in Millionen).* Statista-Das Statistik Portal. Zugriff am 23. Februar 2018. Verfügbar unter https://de.statista.com/statistik/daten/studie/1365/umfrage/bevoelkerung-deutschlands-nach-altersgruppen/

Weltdiabetestag (2011). *Blauer Kreis vs. Blaue Schleife.* Zugriff am 05. März 2018. Verfügbar unter https://weltdiabetestag.de/aktuelles/2011/blauer-kreis-vs-graue-schleife

Wenzel, Eike (2017). *Zukunft der Gesundheit: Portale, Prävention, Personalisierung.* Institut für Trend- und Zukunftsforschung (ITZ). Zugriff am 24. Februar 2018. Verfügbar unter http://www.zukunftpassiert.de/zukunft-der-gesundheit-portale-praevention-personalisierung/

9 Abbildungs- und Tabellenverzeichnis

9.1 Abbildungsverzeichnis

9.2 Tabellenverzeichnis

BEI GRIN MACHT SICH IHR WISSEN BEZAHLT

- Wir veröffentlichen Ihre Hausarbeit,
  Bachelor- und Masterarbeit

- Ihr eigenes eBook und Buch -
  weltweit in allen wichtigen Shops

- Verdienen Sie an jedem Verkauf

Jetzt bei www.GRIN.com hochladen
und kostenlos publizieren